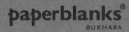

**paperblanks**®
BUKHARA

Bukhara, l'une des plus grandes villes de l'Ouzbékistan et célèbre depuis des millénaires pour être un centre d'apprentissage et de culture, a vu naître cette éblouissante reliure islamique du XVIIIᵉ siècle. Sa conception lumineuse présente une décoration peinte et laquée en bronze doré, évoquant adroitement un esprit indélébile à la fois éclatant et lumineux.
Parfois connue sous le nom de « lieu fortuné », Bukhara se situe le long de la Route de la soie. La vie intellectuelle et culturelle palpitante de la ville étaient empreinte d'influences indo-persanes, notamment pendant l'âge d'or des Samanides. Nous pouvons percevoir ces influences dans ce modèle qui présente des marges de feuilles condiformes, une rosette centrale et des pièces d'angle complexes, le tout réalisé selon un savoir-faire consciencieux et un talent artistique.

Buxoro, eine der größten Städte Usbekistans und berühmt für ihre tausendjährige Kulturgeschichte, ist der Herkunftsort dieses erstaunlichen islamischen Einbands aus dem 18. Jahrhundert. Das leuchtende Design zeigt bemalte und lackierte Ornamente in Goldbronze, die auf geschickte Weise einen unaus-löschlichen Eindruck von Licht und Glanz erzeugen.
Buxoro liegt an der früheren Seidenstraße und wird auch als „Ort des Glücks" bezeichnet. Das vielfältige intellektuelle und kulturelle Leben der Stadt wurde von indo-persischen Einflüssen vor allem während des goldenen Zeitalters der Samaniden geprägt. Diese Einflüsse zeigen sich z. B. in diesem Einband mit Bordüren aus Herzblättchen, einer großen Mittelrosette und aufwendigen Eckstücken. Alle Ornamente sind mit akribischem Geschick und vollendeter Kunstfertigkeit ausgeführt.

Questo meraviglioso capolavoro della rilegatura islamica del XVIII secolo nacque a Bukhara, una delle più grandi città dell'Uzbekistan, famoso centro culturale durante secoli. Il disegno luminoso della copertina riproduce una decorazione dipinta e abbellita con lacca in bronzo dorato, che evoca abilmente un senso indelebile di splendore e luce.
Bukhara, conosciuta anche come "Luogo della buona sorte", si trova sulla via della seta. La ricca vita culturale e intellettuale della città è stata influenzata dalla cultura indo-persiana, in particolare durante l'età dell'oro della dinastia dei Samanidi. Un'influenza riproposta nel disegno di questa copertina, dai bordi decorati con foglie a forma di cuore, con un rosone centrale ed intricati elementi agli angoli, tutti eseguiti con un'attenzione estrema e una grande abilità.

Bukhara, o Bujará, es una de las ciudades más grandes de Uzbekistán, y fue famosa durante milenios por ser el principal centro de cultura islámica. Allí nació esta espectacular encuadernación del siglo XVIII. Este luminoso diseño está decorado con pintura y laca en bronce dorado, y consigue evocar una imborra-ble sensación de brillo y luz.
Bukhara, conocida como «el lugar de la buena fortuna», está situada en la Ruta de la Seda. La rica vida intelectual y cultural de esta ciudad procede de influencias indopersas, sobre todo durante la edad dorada de los samánidas. Esas influencias son visibles en este diseño, que luce un rosetón central, hojas en forma de corazón en los márgenes e intrincados motivos en las esquinas, todo ello elaborado con una técnica meticulosa y un profundo sentido artístico.

教育と文化の都として数千年に渡って知られてきた、ウズベキスタン有数の都市ブハラ。この目くるめくような18世紀イスラム様式製本の発祥の地。光沢のあるデザインは、色付け後にラッカーで仕上げ、ブロンズ色にきらめきを出したもの。見る者に光と輝きを感じさせずにはいられない。
シルクロードに位置し、「富あるところ」として知られてもいるブハラ。インドとペルシャ、とりわけサーマーン朝黄金期の影響を強く受けた文化と教養が育まれた。それを偲ばせるのが本装丁であり、ハート型の葉の縁取りと中央のロゼッタ模様、隅角の複雑な紋様に目を奪われる。すべてが丹精込めた、しかも完璧な職人芸の賜物。

148208

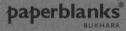

**paperblanks®**

BUKHARA

*Adina*

Bukhara, one of Uzbekistan's largest cities, famous for millennia as
a centre of learning and culture, was the birthplace of this dazzling
eighteenth-century Islamic binding. The luminous design features
ornamentation painted and lacquered in golden bronze, deftly evoking
an indelible sense of radiance and light.

    Sometimes known as "Place of Good Fortune," Bukhara is located
along the Silk Road. The city's rich intellectual and cultural life was
shaped by Indo-Persian influences, particularly during the golden age
of the Samanids. We can see those influences in this design which
showcases margins of heart-shaped leaves, a centre rosette and intricate
corner pieces, all executed with painstaking skill and consummate
artistry.

ISBN: 978-1-4397-3145-1
ULTRA FORMAT   144 PAGES   LINED
DESIGNED IN CANADA

© Museum Kunstpalast Düsseldorf
Printed on acid-free sustainable forest paper.
North America 1-800-277-5887
Europe 800-3333-8005
Japan 0120-177-153
www.paperblanks.com